AF494121

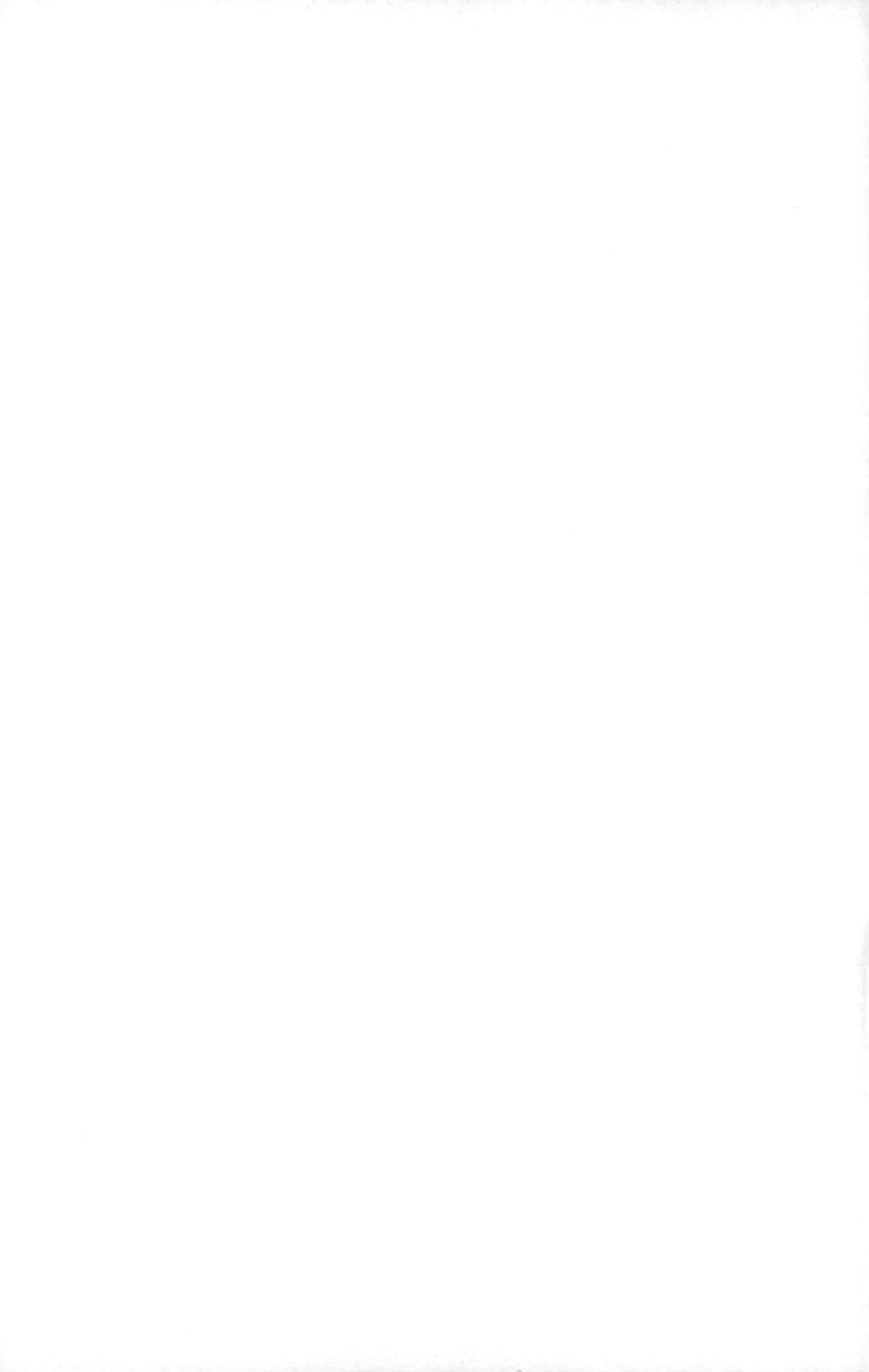

30 mars 1897

1re Vente D. DUBUISSON

Les Mardi 30, Mercredi 31 Mars, Jeudi 1er et Vendredi 2 Avril 1897

A DEUX HEURES PRÉCISES

DANS UN LOCAL

50, RUE SAINT-SABIN, 50

MODÈLES

POUR

BRONZES D'ART ET D'AMEUBLEMENT

Avec droit de reproduction

PROVENANT

De la Maison D. DUBUISSON

Fabricant de bronzes à Paris

PAR SUITE DE CESSATION DE FABRICATION

EXPOSITION PUBLIQUE

Les Dimanche 28 et Lundi 29 Mars 1897

DE 10 HEURES DU MATIN A 4 HEURES DU SOIR

COMMISSAIRE-PRISEUR

Me Frédéric LECOCQ

Rue Richer, 41

EXPERTS

M. A. DACHERY	M. LE MAIRE DEMOUY
7, Rue des Filles-du-Calvaire	Rue de l'Université, 10

PARIS — 1897

IMPRIMERIE MAULDE ET RENOU

MAULDE, DOUMENC & Cie

IMPRIMEURS DE LA COMPAGNIE DES COMMISSAIRES-PRISEURS

Rue de Rivoli, 144. — Paris

CATALOGUE

DES

MODÈLES

POUR

BRONZES D'ART ET D'AMEUBLEMENT

Avec droit de reproduction

Statuettes, Groupes, Bustes, Pendules, Cartels
Lustres, Bras, Torchères, Chenets
Girandoles, Bouts-de-Table, Vases, Jardinières, Coupes, Encriers
Cadres, Flambeaux, Sonnettes, Lampes, etc.

PROVENANT

De la Maison D. DUBUISSON

Fabricant de bronzes à Paris

DONT LA 1re VENTE AUX ENCHÈRES PUBLIQUES AURA LIEU

Par suite de cessation de fabrication

50, RUE SAINT-SABIN, 50

Les Mardi 30, Mercredi 31 Mars, Jeudi 1er et Vendredi 2 Avril 1897

A **DEUX** HEURES **PRÉCISES**

COMMISSAIRE-PRISEUR

Me Frédéric LECOCQ

Rue Richer, 41

EXPERTS

M. A. DACHERY	M. LE MAIRE DEMOUY
7, Rue des Filles-du-Calvaire	Rue de l'Université, 10

EXPOSITION PUBLIQUE

Les Dimanche 28 et Lundi 29 Mars 1897

DE 10 HEURES DU MATIN A 4 HEURES DU SOIR

PARIS — 1897

CONDITIONS DE LA VENTE

Elle sera faite **au comptant**.

Les Acquéreurs paieront **cinq pour cent** en sus du prix d'adjudication.

Ils seront tenus de prendre la **Fonte brute** existant pour certains modèles, au prix de **2 fr. 50 le kilogramme**.

Le **Poids de fonte** sera indiqué au moment de la mise en vente de ces modèles.

La **livraison** mettant les acquéreurs à même de vérifier l'état des objets vendus, de même que les quantités ou poids énoncés, il ne sera admis aucune réclamation une fois la **livraison opérée**.

TABLE

AVIS : Le Local est à louer.

Maulde, Doumenc et Cie, imprimeurs de la Cie des Commissaires-Priseurs, rue de Rivoli, 144 500—65082

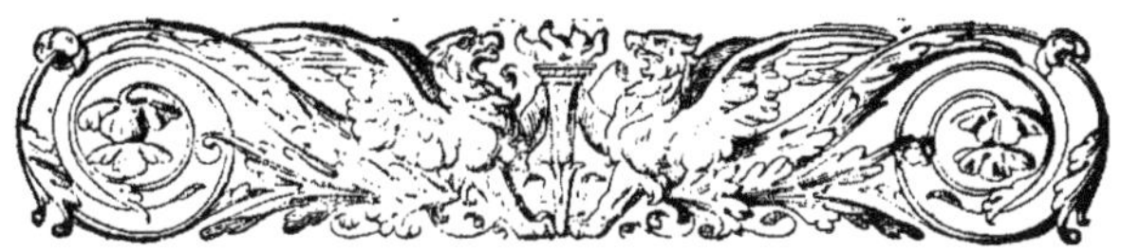

DÉSIGNATION

STATUETTES, GROUPES, BUSTES

1 — Statuette **Fleur de Mer**.

Haut. $1^{m}16$.

Auguste Moreau, *sculpteur*.

Sera exposée au Salon de 1897.

2 — Statuette **Louison,** n° 1.

Haut. $0^{m}91$.

3 — Statuette **Louison,** n° 2.

Haut. $0^{m}39$.

Gaudez, *sculpteur*.

4 — Statuette **Don César de Bazan,** n° 1.

Haut. $0^{m}88$.

5 — Statuette **Don César de Bazan,** n° 2.

Haut. $0^{m}56$.

Picault, *sculpteur*.

6 — Statuette **Amour à l'arc,** n° 1.

Haut. $0^{m}59$.

Avec changement de bras pour faire la statuette **J'en ratisse.**

7 — Statuette **Amour à l'arc,** n° 2.

Haut. $0^{m}44$.

8 — Statuette **Amour à l'arc,** n° 3.

Haut. $0^{m}30$.

Auguste Moreau, *sculpteur.*

9 — Statuette **Ondine,** n° 1.

Haut. $0^{m}78$.

10 — Statuette **Ondine,** n° 2.

Haut. $0^{m}63$.

11 — Statuette **Ondine,** n° 3.

Haut. $0^{m}46$.

12 — Statuette **Ondine,** n° 4.

Haut. $0^{m}34$.

Auguste Moreau, *sculpteur.*

13 — Statuette **Branle-bas,** n° 1.

Haut. $0^{m}63$.

14 — Statuette **Branle-bas,** n° 2.

Haut. $0^{m}35$.

Grégoire, *sculpteur.*

15 — Statuette **Nous l'aurons,** n° 1.

Haut. $0^{m}62$.

16 — Statuette **Nous l'aurons,** n° 2.

Haut. 0m35.

GRÉGOIRE, *sculpteur.*

17 — Statuette **Marguerite au livre** ou **Sortie d'église,** n° 1.

Haut. 0m97.

18 — Statuette **Marguerite au livre** ou **Sortie d'église,** n° 2.

Haut. 0m80.

19 — Statuette **Marguerite au livre** ou **Sortie d'église,** n° 3.

Haut. 0m53.

20 — Statuette **Marguerite au livre** ou **Sortie d'église,** n° 4.

Haut. 0m44.

GRÉGOIRE, *sculpteur.*

21 — Statuette **Marguerite au buis.**

Haut. 0m51.

GRÉGOIRE, *sculpteur.*

22 — Statuette **Surprise.**

Haut. 0m54.

GRÉGOIRE, *sculpteur.*

23 — Statuette **Mascarille.**

Haut. 0m62.

GAUDEZ, *sculpteur.*

24 — Statuette **Crispin.**

Haut. 0m62.

GAUDEZ, *sculpteur.*

25 — Statuette **Fée aux fleurs**

Haut. 0^m95.

Se fait à l'électricité.

Louis MOREAU, *sculpteur*.

26 — Statuette **Charmeur de serpents.**

Haut. 0^m55.

LAVERGNE, *sculpteur*.

27 — Deux Statuettes **Combat de coqs** (Vainqueur et Vaincu).

Haut. 0^m43.

LALOUETTE, *sculpteur*.

28 — Statuette **Joueur de vielle.**

Haut. 0^m67.

DEBUT, *sculpteur*.

29 — Statuette **Jeanne d'Arc à l'assaut.**

Haut. 0^m60.

François MOREAU, *sculpteur*.

30 — Statuette **Danseuse.**

Haut. 0^m41.

ROUGELET, *sculpteur*.

31 — Statuette **Patria.**

Haut. 0^m79.

PICAULT, *sculpteur*.

32 — Statuette **Clairon.**

Haut. 0^m46.

ANFRIE, *sculpteur*.

33 — Statuette **Tambour.**

Haut. 0^m46.

ANFRIE, *sculpteur*

34 — Statuette **Rabatteur**.

Haut. 0^m42.

ANFRIE, *sculpteur*.

35 — Statuette **Voleur de cœurs**.

Haut. 0^m48.

PLÉ, *sculpteur*.

36 — Statuette **Porteur de dépêches**.

Haut. 0^m46.

LAVERGNE, *sculpteur*.

37 — Statuette **Mousse**.

Haut. 0^m46.

LAVERGNE, *sculpteur*.

38 — Statuette **Espoir de la patrie**.

Haut. 0^m47.

ROUSSEAU, *sculpteur*.

39 — Statuette **Enfant au baiser**.

Haut. 0^m35.

DELAVIGNE, *sculpteur*.

40 — Statuette **Clé des champs**.

Haut. 0^m44.

ANFRIE, *sculpteur*.

41 — Statuette **Fille au nid**.

Haut. 0^m40.

ANFRIE, *sculpteur*.

42 — Statuette **Insouciant**.

Haut. 0^m45.

ANFRIE, *sculpteur*.

43 — Statuette **Bacchante**.

Haut. $0^{m}36$.

ANFRIE, *sculpteur*.

44 — Deux Statuettes **Angelus**.

Haut. $0^{m}33$.

GAUDEZ, *sculpteur*.

45 — Statuette **Vénus,** de FALCONET, n° 1.

Haut. $0^{m}39$.

46 — Statuette **Vénus,** de FALCONET, n° 2.

Haut. $0^{m}30$.

47 — Statuette **Vénus,** d'ALLEGRAIN, n° 1.

Haut. $0^{m}39$.

48 — Statuette **Vénus,** d'ALLEGRAIN, n° 2.

Haut. $0^{m}30$.

49 — Statuette **Jeanne d'Arc** (première vision).

Haut. $0^{m}58$.

GIRAUD, *sculpteur*.

50 — Deux Statuettes **Rixe**.

Haut. $0^{m}21$.

GUILLEMIN, *sculpteur*.

51 — Deux Statuettes **Provocation.**

Haut. $0^{m}25$.

GUILLEMIN, *sculpteur*.

52 — Deux Statuettes **Mignons.**

Haut. $0^{m}21$.

GUILLEMIN, *sculpteur*.

53 — Statuette **Vénus de Milo.**

Haut. $0^{m}41$.

54 — **Silène** de Pompeï.

Haut. $0^{m}40$.

55 — Deux Statuettes **Bouffons.**

Haut. $0^{m}16$.

GUILLEMIN, *sculpteur.*

56 — Deux Statuettes **Incroyables.**

Haut. $0^{m}21$.

GUILLEMIN, *sculpteur.*

57 — Statuette **Retour du marché.**

Haut. $0^{m}62$.

ANFRIE, *sculpteur.*

58 — Statuette **Retour de pêche.**

Haut. $0^{m}62$.

ANFRIE, *sculpteur.*

59 — Statuette **Lance-pierre.**

Haut. $0^{m}40$.

ANFRIE, *sculpteur.*

60 — Statuette **N'a pas peur.**

Haut. $0^{m}41$.

ANFRIE, *sculpteur*

61 — Statuette **Vénus accroupie.**

Haut. $0^{m}26$.

62 — Statuette **Mime antique.**

Haut. $0^{m}16$.

63 — Statuette **La Fourmi.**

Haut. 0^m27.

Marioton, *sculpteur.*

64 — Statuette **Faune joueur d'accordéon.**

Haut. 0^m21.

65 — **Napoléon** (debout).

Haut. 0^m21.

66 — Groupe **Orphée et Eurydice,** n° 1.

Haut. 0^m56.

Hippolyte Moreau, *sculpteur.*

67 — Groupe **Orphée et Eurydice,** n° 2.

Haut. 0^m48.

Hippolyte Moreau, *sculpteur.*

68 — Groupe **Orphée et Eurydice,** n° 3.

Haut. 0^m40.

Hippolyte Moreau, *sculpteur.*

69 — Groupe **Charmeuse de panthères.**

Haut. 1^m00.
Avec colonne marbre.
Propriété du bronze seulement.

Carrier-Belleuse, *sculpteur.*

70 — Groupe **La Défense du drapeau,** n° 1.

Haut. 0^m93.

71 — Groupe **La Défense du drapeau,** n° 2.

Haut. 0^m63.

Grégoire, *sculpteur.*

72 — Groupe **Alsace,** n° 1.
Haut. 0^m87.

73 — Groupe **Alsace,** n° 2.
Haut. 0^m71.
GRÉGOIRE, *sculpteur.*

74 — Groupe **Esmeralda,** n° 1.
Haut. 1^m04.

75 — Groupe **Esmeralda,** n° 2.
Haut. 0^m82.

76 — Groupe **Esmeralda,** n° 3.
Haut. 0^m58.
Auguste MOREAU, *sculpteur.*

77 — Groupe **La Lecture au flambeau,** n° 1.
Haut. 0^m67.

78 — Groupe **La Lecture au flambeau,** n° 2.
Haut. 0^m57.

79 — Groupe **La Lecture au flambeau,** n° 3.
Haut. 0^m40.
CARRIER-BELLEUSE, *sculpteur.*

80 — Groupe **Age d'or.**
Haut. 0^m58.
DUMAIGE, *sculpteur.*

81 — Groupe **Duo champêtre.**
Haut. 0^m68.
Formant deux statuettes : **La Chanson** et **Passe-Temps.**
GAUDEZ, *sculpteur.*

82 — Groupe **Amour et Printemps.**

Haut. 0m67.

Anfrie, *sculpteur*.

83 — Groupe **Midi.**

Haut. 0m71.

Gaudez, *sculpteur*.

84 — Deux Groupes **Rixe** (double).

Haut. 0m23.

Guillemin, *sculpteur*.

85 — Groupe **Éducation de Bacchus**.

Haut. 0m45.

Par Clodion.

86 — **Lion.**

Haut. 0m16; larg. 0m24.

Barye fils, *sculpteur*.

87 — **Lion.**

Haut. 0m22; larg. 0m28.

Heizler, *sculpteur*.

88 — Groupe **Bacchante.**

Haut. 0m21.

Clodion, *sculpteur*.

89 — Groupe **Enfants batailleurs.**

Haut. 0m15.

90 — **Deux Chiens de chasse.**

Haut. 0m17.

Delabrière, *sculpteur*.

91 — Groupe **Enfants esclaves.**

Haut. 0^m17.

Fondu sur ancien.

Groupe **Enfants au poteau.**

Haut. 0^m17.

Fondu sur ancien.

92 — Groupe **Lutteurs.**

Haut. 0^m17.

Musée de Florence.

93 — Groupe **Enfant à la chèvre.**

Haut. 0^m20; larg. 0^m20.

Fondu sur ancien.

94 — Groupe **Trois Enfants Sèvres.**

Haut. 0^m20.

Fondu sur ancien.

95 — Deux Groupes équestres **Richard Cœur de Lion** et **Louis le Gros.**

Haut. 0^m37; larg. 0^m36.

96 — Deux Groupes équestres **Malek Adel** et **Richard.**

Haut. 0^m34; larg. 0^m30.

97 — Deux Groupes équestres **Amazone** et **Alexandre.**

Haut. 0^m35; larg. 0^m30.

98 — Buste **Dona Sol,** n° 1.

Haut. 0^m53

GRÉGOIRE, *sculpteur.*

99 — Buste **Dona Sol,** n° 2.

Haut. $0^{m}33$.

GRÉGOIRE, *sculpteur.*

100 — Buste **Chloé**.

Haut. $0^{m}48$.

DUMAIGE, *sculpteur.*

101 — Buste **Sommeil.**

Haut. $0^{m}62$.

102 — Buste **Réveil.**

Haut. $0^{m}62$.

CARRIER-BELLEUSE, *sculpteur.*

PENDULES, CARTELS

103 — Pendule **Amour et Amitié.**

Haut. $0^{m}34$.

103 *bis* — Bout-de-Table, 2 lumières.

(Enfants CLODION.)

Haut. $0^{m}34$.

Fondu sur ancien.

104 — Pendule **Paix et Guerre.**

Haut. $0^{m}26$.

Fondu sur ancien.

104 *bis* — Bout-de-Table, **Faunes,** 2 lumières.

Haut. $0^{m}22$.

Fondu sur ancien.

105 — Pendule **Renaissance**.

Haut. 0^m76.

Candélabre d'accompagnement, 4 lumières.

Haut. 0^m79.

106 — Pendule **Renaissance,** Trévise.

Haut. 0^m65.

Candélabre d'accompagnement, 8 lumières.

Haut. 0^m68.

107 — Pendule **Renaissance,** à Cariatides.

Haut. 0^m47.

Candélabre d'accompagnement, 5 lumières.

Haut. 0^m49.

108 — Pendule **Renaissance**.

Haut. 0^m50.

Candélabre d'accompagnement, 6 lumières.

Haut, 0^m53.

109 — Pendule **Renaissance**.

Haut. 0^m50.

Candélabre d'accompagnement, 4 lumières.

Haut. 0^m40.

110 — Pendule **Renaissance**.

Haut. 0^m70. Château de Blois.

Candélabre d'accompagnement, 9 lumières.

Haut. 0^m83.

111 — Pendule **Renaissance**.

Haut. 0^m34.

Bout-de-Table, 2 lumières.

Haut. 0^m34.

DESTOURBET, *sculpteur*.

112 — Pendule **Louis XIII**.

Haut. 0^m50.

113 — Pendule **Louis III.**

Haut. 0^m44.

Bout-de-Table, 2 lumières.

Haut. 0^m38.

114 — Pendule **Louis XIV,** avec socle.

Haut. 0^m76.

Candélabre d'accompagnement, 9 lumières.

Haut. 0^m77.

115 — Pendule **Louis XIV**.

Haut. 0^m61.

Candélabre d'accompagnement, 4 lumières.

Haut. 0^m69.

Fondu sur ancien.

Vente SEVENIER.

116 — Pendule **Louis XIV,** socle.

Haut. 0^m40.

Bout-de-Table avec arrangement pour candélabre 5 lumières.

Haut. 0^m41.

117 — Pendule **Louis XIV**.

Haut. 0^m40.

Fondu sur ancien.

Vente SEVENIER.

118 — Pendule **Louis XIV**.

Haut. 0^m70.

Fondu sur ancien.

Se fait en bronze et marqueterie.

119 — Pendule **Louis XIV**, Faunes.

Haut. 0^m33.

Les faunes sont sur ancien.

120 — Pendule **Louis XIV**.

Haut. 0^m42.

Candélabre d'accompagnement, 5 lumières.

Haut. 0^m45.

121 — Pendule **Louis XIV**.

Haut. 0^m62.

Candélabre d'accompagnement, 7 lumières.

Haut. 0^m65.

122 — Pendule **Louis XIV**, Soleil.

Haut. 0^m70.

MESSAGER, *sculpteur*.
Vente SEVENIER.

123 — Pendule **Louis XIV**.

Haut. 0^m54.

Candélabre d'accompagnement, 5 lumières.

Haut. 0^m55.

124 — Pendule **Louis XV.**

Haut. $0^{m}59$.

Candélabre d'accompagnement, 5 lumières.

Haut. $0^{m}65$.

Candélabre d'accompagnement, 5 lumières.

Haut. $0^{m}59$.

Fondu sur ancien.

Vente Thomas.

125 — Pendule **Louis XV,** Enfant.

Haut. $0^{m}50$.

Fondu sur ancien.

126 — Pendule **Louis XV.**

Haut. $0^{m}48$.

Bout-de-Table à 3 et 4 lumières.

Haut. $0^{m}35$.

Genre ancien.

127 — Pendule **Louis XV.**

Haut. $0^{m}38$.

Fondu sur ancien.

128 — Pendule **Louis XV.**

Haut. $0^{m}48$.

Candélabre, 5 lumières.

Haut. $0^{m}48$.

Destourbet, *sculpteur*.

129 — Pendule **Louis XV,** n° 1, avec culot pour accrocher.

Haut. 0m85.

Candélabre d'accompagnement, **Louis XV,** n° 1, à 7 lumières.

Haut. 0m89.

Fondu sur ancien.

130 — Pendule **Louis XV,** n° 2, avec culot pour accrocher.

Haut. 0m58.

Candélabre d'accompagnement **Louis XV,** n° 2. à 6 lumières.

Haut. 0m58.

Fondu sur ancien.

131 — Pendule **Louis XVI,** à vase et colonnes.

Haut. 0m37.

Fondu sur ancien.

Vente Marteau.

132 — Pendule **Louis XVI.**

Haut. 0m64.

Candélabre d'accompagnement, 7 lumières.

Haut. 0m71.

133 — Pendule **Louis XVI,** Génie de la guerre, n° 1.

Haut. 0m30.

134 — Pendule **Louis XVI,** Génie de la guerre, n° 2.

Haut. 0m22.

135 — Pendule **Louis XVI,** Génie de la guerre, n° 3.
Haut. 0m18.
Fondu sur ancien.

136 — Pendule **Louis XVI,** Enfant coq.
Haut. 0m39.
Fondu sur ancien.

137 — Bout-de-Table, 2 lumières (Clodion).
Haut. 0m42.
Fondu sur ancien.

138 — Pendule **Louis XVI,** Colombes.
Haut. 0m22.

139 — Bout-de-Table **Louis XVI,** 2 lumières.
Haut. 0m20.
Fondu sur ancien.

140 — Pendule **Louis XVI,** n° 1. Enfant tambour.
Haut. 0m40.

140 *bis* — Pendule **Louis XVI,** n° 2. Enfant tambour.
Haut. 0m00 ; larg. 0m00.
Une planche.
Fondu sur ancien.

141 — Pendule **Louis XVI.**
Haut. 0m25 ; larg. 0m19.

142 — Pendule au **Serpent,** mouvement tournant.
Haut. 0m41.
Fondu sur ancien.

143 — Pendule **Porteur**.

Haut. 0^m39.

Fondu sur ancien.

144 — Deux Pendules **Lyre** dont une disposée pour l'émail.

Haut. 0^m25.

Un Cartel.

Deux Flambeaux d'accompagnement dont un disposé pour l'émail.

145 — Pendule **Soleil**.

Haut. 0^m58.

MESSAGER, *sculpteur*.

146 — **Pendule.**

Haut. 0^m25; larg. 0^m14.

Flambeau d'accompagnement.

Haut. 0^m00.

Pendule disposée pour l'émail.

Flambeau d'accompagnement disposé pour l'émail.

147 — Cartel **Louis XIV**.

Haut. 0^m80.

148 — Cartel **Louis XV**.

Haut. 0^m53.

149 — Cartel **Louis XVI**.

Haut. 0^m45.

Fondu sur ancien.

150 — Cartel **Louis XVI**.
Haut. 0^m44.
Fondu sur ancien.

151 — Cartel **Louis XVI,** à Cariatides femmes.
Haut. 0^m64.

152 — Cartel **Louis XVI**.
Haut. 0^m86.

LUSTRES, BRAS, TORCHÈRE

153 — Lustre **Louis XV,** 12 lumières.
Haut. 0^m80; larg. 0^m60.
Avec éléments pour le faire à 9 lumières.
CONTAMINE, *sculpteur.*

154 — Lustre **Louis XV,** 10 lampes électriques.
Haut. 0^m95; larg. 0^m74.
DESTOURBET, *sculpteur.*

155 — Lustre **Louis XV,** 25 lumières.
Haut. 1^m15; larg. 0^m90.
Se fait à l'électricité.
CONTAMINE, *sculpteur.*

156 — Lustre **Louis XV,** 20 lumières.
Haut. 0^m94; larg. 0^m80.

157 — Lustre à **Cors de chasse,** 12 lumières.
Haut. 1^m; larg. 0^m85.
Éléments anciens et arrangement.
Par DESTOURBET.

158 — Lustre **Louis XII,** 16 lumières.
Haut. 1^m02; larg. 0^m75.
BRISSON, *sculpteur*.

159 — Lustre **Louis XVI,** 9 lumières électriques.
Haut. 1^m15; larg. 0^m65.
DESTOURBET, *sculpteur*.

160 — Lustre **Louis XVI,** à, 6, 12, 18, 24 lumières.
Haut. 1^m06; larg. 0^m66.
Éléments pour faire 6 lustres disposés pour l'électricité.

161 — Lustre **Louis XVI,** 16 lumières.
Haut. 0^m87; larg. 0^m70.
Disposé pour l'électricité.
CONTAMINE, *sculpteur*.

162 — Lustre **Louis XVI,** Enfants, à 6 et 4 lumières.
Haut. 0^m83; larg. 0^m60.
Disposition pour lustre et électricité, et bras à 2 lumières.

163 — Lustre **Louis XVI,** 9 lampes électriques.
Haut. 1^m; larg. 1^m04.

Lustre **Louis XVI,** 6 lampes électriques.
Haut. 0^m95; larg. 0^m70.
DESTOURBET, *sculpteur*.

164 — **Torchère,** de Fontainebleau.

165 — Veilleuse **gothique**.
Haut. 1m; larg. 0m53.

166 — Bras **Henri II,** 3 lumières.
Haut. 0m34; larg. 0m36.

167 — Bras **Renaissance,** 3 lumières.
Haut. 0m41½; larg. 0m30.

168 — Bras **Louis XIV**, mascaron, 5 lumières.
Haut. 0m38; larg. 0m52.
Fondu sur ancien.

169 — Bras **Louis XIV**, 3 lumières.
Haut. 0m42; larg. 0m23.
Fondu sur ancien.

170 — Bras **Louis XIV**, 5 lumières.
Haut. 0m33; larg. 0m41.

171 — Bras **Louis XVI,** 4 lumières.
Haut. 0m37; larg. 0m34.

172 — Bras **Louis XV**, 3 lumières.
Haut. 0m80; larg. 0m58.
Fondu sur ancien.

Bras **Louis XV**, 3 lumières.
Haut. 0m60; larg. 0m47.
Fondu sur ancien.

173 — Bras **Louis XV**, 3 lumières.
Haut. 0m39; larg. 0m29.
Fondu sur ancien.

174 — Bras **Louis XV**, 2 lumières.
Haut. 0m33 ; larg. 0m25.
Fondu sur ancien.

175 — Bras **Louis XVI**, Palais-Royal.
Haut. 0m55 ; larg. 0m27.

176 — Bras **Louis XVI**, à rubans, 2 lumières.
Haut. 0m53 ; larg. 0m27.
Fondu sur ancien.

177 — Bras **Louis XVI**, Carquois, 3 lumières.
Haut. 0m77 ; larg. 0m40.
Fontainebleau.

178 — Bras **Louis XVI**, Têtes de chèvres, 2 lumières.
Haut. 0m61 ; larg. 0m30.
Fondu sur ancien.

179 — Bras **Louis XVI**, 3 lumières.
Haut. 0m35 ; larg. 0m37.
Fontainebleau.

180 — Bras **Louis XVI**, 3 lumières électriques.
Haut. 0m84 ; larg. 0m47.
Fondu sur ancien.

181 — Bras **Louis XVI**, 2 lumières.
Haut. 0m39 ; larg. 0m26.
Fonte sur ancien.

CHENETS

182 — Chenet galerie **Louis XIII.**
Long. 1m23.

183 — Chenet galerie **Louis XIV.**
Long. 1m30.

184 — Chenet **Louis XIV,** n° 1.
Haut. 0m87.

185 — Chenet **Louis XIV,** n° 2.
Haut. 0m75.

186 — Chenet **Louis XIV,** n° 3.
Haut. 0m60.

187 — Chenet **Louis XIV,** à côtes.
Haut. 0m75.

188 — Chenet **Louis XIV,** uni.
Haut. 0m84.

189 — Chenet **Louis XIV,** Lions.
Haut. 0m61 ; long. 0m32.

Piat, *sculpteur.*

190 — Chenet **Louis XV.**
Haut. 0m53 ; long. 0m42.

191 — Chenet galerie **Louis XV.**
Long. 1m30.

192 — Chenet galerie **Louis XVI,** Enfants.
Long. 1^{m}40.

193 — Chenet galerie **Louis XVI.**
Long. 1^{m}55.

194 — Chenet galerie **Louis XVI.**
Long. 1^{m}35.

195 — Chenet **Louis XVI.**
Long. 0^{m}30.
Se font plat et ronde-bosse.
Fondu sur ancien.

196 — Chenet **Louis XVI.**
Long. 0^{m}32.
Fondu sur ancien.

197 — Chenet galerie **Louis XVI,** Carquois.
Haut. 0^{m}50; long. 1^{m}35.

198 — Chenet **Louis XVI,** Enfants frileux.
Haut. 0^{m}27; long. 0^{m}35.
Fondu sur ancien.

199 — Chenet **Louis XVI,** Draperie.
Haut. 0^{m}50; long. 0^{m}32.

200 — Chenet **gothique**.
Long. 1^{m}03.

201 — Chenet galerie **Lyre.**
Haut. 0^{m}48; long. 1^{m}40.

202 — Chenet **Louis XVI,** galerie buire.
Long. 1m36.

203 — Chenet galerie, **Tête de lion.**
Long. 1m37.

204 — Un Porte-Pelle et Pincettes **Louis XVI.**
Haut. 1m05.

204 *bis* — Un Porte-Pelle et Pincettes **Louis XIV.**
Haut. 1m.

205 — Chenet **galerie.**
Haut. 0m25 ; long. 1m12.

206 — Écran **Louis XV.**
Haut. 0m69 ; larg. 0m65.

207 — Écran **Louis XVI,** n° 1.
Haut. 0m82 ; larg. 0m80.

208 — Écran **Louis XIV,** n° 2.
Haut. 0m81 ; larg. 0m71.

209 — Porte-Pelle et Pincette.
Haut. 0m74 ; larg. 0m27.

GIRANDOLES, BOUTS-DE-TABLE VASES, JARDINIÈRES, COUPES

210 — Girandole **Louis XV,** 9 lumières.
Haut. 0m65.

211 — Girandole **Louis XV,** n° 1, 5 lumières.

Haut. 0^m71.

MEYER, *sculpteur.*

Disposé pour plus de lumières.

Girandole **Louis XV,** n° 2, 5 lumières.

Haut. 0^m50.

MEYER, *sculpteur.*

Disposé pour augmentation de lumières.

212 — Girandole **Louis XV.**

Haut. 0^m34.

Modèle disposé pour plusieurs lumières.

213 — Girandole **Louis XVI,** 7 lumières.

Haut. 0^m55.

MEYER, *sculpteur.*

214 — Girandole **Louis XVI.**

Haut. 0^m45.

Fondu sur ancien.

Modèle disposé pour plusieurs lumières.

215 — Girandole **Louis XV.**

Haut. 0^m24.

216 — Bout-de-Table **Louis XV,** 3 lumières.

Haut. 0^m34.

217 — Vase **à l'Oiseau.**

Haut. 0^m16.

Auguste MOREAU, *sculpteur.*

218 — Vase **au Lézard.**

Haut. 0^m14.

Auguste MOREAU, *sculpteur.*

219 — Vase **Cruche cassée.**

Haut. 0^m12.

Auguste Moreau, *sculpteur.*

220 — Vase **Amour.**

Haut. 0^m18.

Auguste Moreau, *sculpteur.*

221 — Jardinière **Louis XV.**

Haut. 0^m19; larg. 0^m47.

222 — Jardinière **Louis XV,** Enfants amours.

Haut. 0^m20; larg. 0^m43.

223 — Jardinière **Louis XVI.**

Haut. 0^m12; larg. 0^m43.

224 — Jardinière **Louis XV.**

Haut. 0^m16; larg. 0^m34.

225 — Jardinière **Louis XIV.**

Haut. 0^m15; larg. 0^m34.

226 — Jardinière **Louis XV.**

Haut. 0^m12; larg. 0^m32.

227 — Jardinière **Louis XV.**

Haut. 0^m18; larg. 0^m38.

228 — Jardinière **Louis XV.**

Haut. 0^m18; larg. 0^m47.

229 — Jardinière **Renaissance.**

Haut. 0^m18; larg. 0^m23.

230 — Jardinière **Louis XV.**

Haut. 0m17; larg. 0m28.

231 — Coupe **Trépied**.

232 — **Coupe**.

233 — Coupe **Porte-fleurs.**

234 — **Coupe.**

Haut. 0m33; larg. 0m42.

ENCRIERS, CADRES, FLAMBEAUX SONNETTES, LAMPES, ETC.

235 — Encrier **Sommelier.**

Haut. 0m16.

Encrier **Cuisinier.**

Haut. 0m16.

236 — Encrier **Renaissance,** cuvette, un godet.

237 — Deux Encriers **Renaissance,** un flambeau.

238 — Six Encriers **Renaissance,** à un et deux godets.

239 — Trois Encriers **Renaissance,** dont un à support, à 2 lumières.

240 — Encrier **Renaissance,** deux godets.

241 — Encrier **Renaissance,** n° 1.

Encrier **Renaissance,** n° 2. Papeterie et Porte-plume.

242 — Deux Encriers **Louis XIV**, deux godets.

243 — Deux Encriers **Louis XIV,** deux godets, une Cage **Louis XVI**.

244 — Deux **Encriers.**

245 — Encrier **Renaissance,** à cabochons, deux godets.

246 — Trois Encriers style **oriental,** deux godets.

Deux Encriers style **oriental,** un godet.

Un Plumier, un Porte-Allumettes, un Couteau.

247 — Deux Encriers style **grec** et un Fambeau.

248 — Deux Encriers **Renaissance.**

249 — Encrier **Renaissance,** deux godets et un Flambeau.

250 — Encrier **Louis XV,** deux godets.

251 — Encrier, Plumier, Couteau, Sonnette, Cachet, Flambeau, Sablier.

252 — Deux Encriers **Louis XV**, deux godets.

253 — Un Encrier **Louis XV**, deux godets.

254 — Deux Encriers **Louis XIV,** deux godets.

255 — Quatre Plumiers **Renaissance.**

256 — Encrier **Renaissance,** à cachets, deux godets.

257 — Encrier **Renaissance,** deux enfants, deux godets.

258 — Papeterie **Renaissance,** à patins.

259 — Trois **Cadres.**

260 — Trois **Cadres.**

261 — Deux Cadres **lauriers,** nos 1 et 2.

262 — Trois Cadres pour **Photographies.**

263 — Un Cadre **Renaissance.**

Haut. 0^m45; larg. 0^m32.

264 — Trois **Cadres.**

265 — Deux Cadres **Henri II,** Psyché et Applique.

266 — Trois Cadres **Louis XVI.**

267 — Deux Cadres **François Ier.**

268 — Deux Cadres **Renaissance**, une Psyché, deux Appliques.

269 — Deux Cadres **Louis XIV,** une Psyché, une Applique.

270 — Deux Cadres **Louis XIV**, mascarons.

271 — Deux Cadres **Louis XIV,** une Psyché, Applique.

272 — Cinq **Faces à main**.

273 — Flambeau **Comédie.**

274 — Flambeau **Louis XVI**, rose.

275 — Flambeau **Colonne.**

276 — Flambeau **Louis XV.**

277 — Trois paires de Flambeaux **Statuettes** (partie et contre-partie).

278 — Trois Flambeaux **Lions** et **Griffons.**

279 — Flambeau **Renaissance.**

280 — Flambeau style **oriental**, Sonnette, Bougeoir.

281 — Bout-de-Table **flamand** Enfant coureur, Flambeau **Renaissance,** Encrier **Tête de bœuf.**

282 — Cinq Coffrets **Louis XVI.**

283 — Six **Sonnettes** (une planche).

284 — Cinq **Sonnettes** (une planche).

285 — Six **Sonnettes** (une planche).

286 — Lampe **Renaissance.**

Haut. $0^{m}45$.

287 — Lampe **grecque.**

Haut. $0^{m}50$.

288 — Lampe **Renaissance.**

Haut. $0^{m}45$.

289 — Lampe vase **Clodion.**

Haut. $0^{m}50$.

290 — Lampe **Renaissance.**

Haut. $0^{m}50$.

291 — Lampe **Griffon.**

Haut. $0^{m}42$.

292 — Trois Porte-Allumettes, un Bougeoir porte-allumettes, Flambeau.

293 — Quatre Bougeoirs **Renaissance.**

294 — Bougeoir **Femme Sphinx** (partie et contre-partie).

295 — Un Bougeoir, un Flambeau **Louis XIV.**

296 — Une paire Bougeoirs **Lion** et **Lionne.**

297 — Service de fumeur **Moyen-Age :** un Encrier, un Bougeoir, Flambeau, Couteau, Porte-Allumettes, Cendrier, Promeneuse.

298 — **Service de fumeur,** six pièces.

299 — Lampe **Renaissance,** Femme.

300 — Pots à tabac, Presse-Papier, Encrier, Vase.

301 — Vestibule **Enfants,** Baromètre.

302 — Trois **Veilleuses,** deux **Buires.**

303 — Trois Cartels **Louis XV.**

304 — Quatre Cadres **Louis XIV,** Applique.

305 — Cadre (2 planches).

306 — Cadre **Renaissance,** petit lion, Applique.

307 — Cinq Cadres **Louis XIV.**

308 — Deux Cadres **Louis XVI,** deux enfants.

309 — Cadres **Panoplie.**

310 — Cadre **Sphinx** et **Applique.**

311 — Deux **Cadres** et **Applique.**

312 — Deux **Cadres** et **Applique.**

313 — Deux Cadres **Louis XIV,** laurier.
Se fait avec tête d'homme et psyché, n° 1.

314 — Deux Cadres **Louis XIV,** laurier.
Se fait avec tête d'homme et psyché, n° 2.

315 — Quatre Cadres **Louis XIV.**

316 — Deux Appliques **Louis XIV.** n°s 1 et 2.

317 — Quatre Cadres **Dauphin** et **Soleil.**

318 — Trois Cadres **Renaissance.**

319 — Psyché **Louis XVI,** Femme, 2 lumières.

320 — Deux Cadres **Renaissance,** Applique.

321 — Trois Cadres **Louis XIV,** Applique et Psyché.

322 — Quatre Cadres **Louis XV.**

323 — Couteaux de **tous styles** et Cachets.

324 — **Encriers** et **Flambeaux**.

325 — Garniture de bureau, style **chinois,** 6 pièces.

326 — Trois Encriers **Renaissance.**

327 — Encrier, Timbre, Flambeau, Porte-Allumettes, style **Renaissance.**

328 — Encrier **Louis XVI,** à guirlande.

329 — Deux Encriers **Louis XV,** à deux godets.

330 — Deux Encriers **Louis XV,** un Cendrier.

331 — Bras **Pavots,** 2 lumieres.

232 — Suspension **Renaissance,** 12 lumières.

333 — Suspension **Louis XIV,** 9 lumières.

D. DUBUISSON

FABRICANT DE BRONZES

A

PARIS

Paris, le 23 Mars 1897.

M Bourdelle

J'ai l'honneur de vous informer que je ferai procéder, **1° *les* Mardi 30, Mercredi 31 Mars, Jeudi 1er, Vendredi 2 Avril 1897 ; 2° *les* Mardi 6, Mercredi 7, Jeudi 8,** *et* **Vendredi 9 Avril 1897** *à* **deux heures très précises de relevée,** *dans un local,* **rue St-Sabin, 50,** *par le ministère de* **Me Frédéric LECOCQ,** *Commissaire-Priseur à Paris, rue Richer, 41, à la* **Vente** *aux enchères publiques avec* **Exposition : 1°** *les* **Dimanche 28** *et* **Lundi 29 Mars ; 2°** *les* **Dimanche 4** *et* **Lundi 5 Avril 1897,** *de dix heures du matin à quatre heures du soir, des* **Modèles** *m'appartenant.*

Je vous offre un crédit **illimité** *pour les acquisitions que vous pourrez faire à cette vente.*

LES AVANTAGES DE CE CRÉDIT SONT LES SUIVANTS :

1° Pour le paiement **au comptant,** *un* **escompte ;**

2° Pour le paiement **à terme** *et au moyen de billets à ordre,* **un délai.**

MONTANT DES ACQUISITIONS

De 200 francs	à 500 francs	— 2 mois	ou	1 %	d'Escompte.
De 501 —	à 1,000 —	— 3 —	ou	2 %	—
De 1,001 —	à 2,000 —	— 6 —	ou	3 %	—
Au-dessus de 2,001	—	— 1 an	ou	4 %	—

Veuillez agréer, M ......, mes salutations empressées.

D. Dubuisson

AVIS IMPORTANT

Le **règlement** *devra être fait* **au plus tard** *dans la* **huitaine** *et remis chez* **Me F. LECOCQ,** *Commissaire-Priseur, rue Richer, 41, le matin de* **9 heures à midi,** *en* **justifiant** *de cette lettre;* **passé ce délai,** *elle sera considérée* **comme non avenue.** *Les frais de* **cinq pour cent** *sur le montant des adjudications seront payés en* **Espèces.**

www.ingramcontent.com/pod-product-compliance
Ingram Content Group UK Ltd.
Pitfield, Milton Keynes, MK11 3LW, UK
UKHW020504180726
13839UKWH00004B/1890